GUÍA DE LECTURA

Escrita por Dominique Coutant-Defer
Traducida por Laura Bernal Martín

La aventura de la banda de lunares

de Arthur Conan Doyle

ResumenExpress.com

Entiende fácilmente la literatura con

ResumenExpress.com

www.resumenexpress.com

ARTHUR CONAN DOYLE

ESCRITOR ESCOCÉS

- **Nacido en 1859 en Edimburgo (Escocia)**
- **Fallecido en 1930 en Crowborough (Inglaterra)**
- **Algunas de sus obras:**
  - *La aventura de la banda de lunares* (1892), relato corto
  - *Las aventuras de Sherlock Holmes* (1892), recopilación de relatos cortos
  - *El perro de los Baskerville* (1902), novela

Arthur Conan Doyle nació en 1859 en Escocia. Primero fue médico, y no se dedicó a la escritura hasta 1885, cuando en su primer relato corto, *Estudio en escarlata*, crea a su célebre personaje: el detective privado Sherlock Holmes. El éxito no le llega de inmediato y el escritor tendrá que esperar hasta 1890 para cerrar su consulta médica y dedicarse exclusivamente a la escritura. Publicará entonces cuatro novelas, como *El perro de los Baskerville* y *El mundo perdido*, y cincuenta y seis relatos, entre los que se encuentran *Las aventuras de Sherlock Holmes*.

Conan Doyle, superado por el éxito de su personaje y deseando dedicarse a la ciencia ficción, hace que muera en *El último problema*. Sin embargo, presionado por los lectores, le hace reaparecer diez años más tarde, en 1905, en *El regreso de Sherlock Holmes*.

Sir Conan Doyle fallece en Inglaterra en 1930.

LA AVENTURA DE LA BANDA DE LUNARES

UNA INVESTIGACIÓN MUY ESPECIAL

- **Género**: relato policial
- **Edición de referencia**: Conan Doyle, Arthur. 2003. *La aventura de la banda de lunares*, en *Las aventuras de Sherlock Holmes*, 183-212. Traducido por Jim Ferrer. Barcelona: MDS Books/Mediasat, colección *Millenium*
- **Primera edición**: 1892
- **Temáticas**: investigación, misterio, asesinato, detective

La aventura de la banda de lunares (o *La banda de lunares*, según las traducciones) fue publicada en 1892 en la revista *The Strand Magazine* y posteriormente añadida a *Las aventuras de Sherlock Holmes*.

Este relato corto narra una investigación de Sherlock Holmes de la que el doctor Watson afirma: «No recuerdo ning[ún] [caso] con rasgos más extraordinarios» (Conan Doyle 2003, 183).

Helen Stoner es una chica joven que vive con su padrastro, el doctor Roylott, un hombre violento y tiránico. La joven le suplica al detective que le ayude a dilucidar la muerte de Julia, su hermana gemela, que aconteció dos años atrás en circunstancias que aún no se han aclarado. Además, teme en ese momento por su propia vida. Sherlock Holmes da comienzo a una investigación que acabará desenterrando el terrible asesinato cuyo culpable fue el doctor Roylott, crimen que se disponía a cometer una vez más contra Helen.

- 3 -

RESUMEN

El doctor Watson, el socio y amigo del detective privado Sherlock Holmes, recuerda un singular caso al que se dedicaron en abril de 1883.

«Un señorita presa de una gran excitación» (Conan Doyle 2003, 184) le pide ayuda a Sherlock Holmes, recomendado por unas amigas a las que el detective ya había ayudado. Se llama Helen Stoner y vive con su padrastro, el doctor Grimesby Roylott, un aristócrata prácticamente arruinado, en la residencia familiar situada en Surrey, al sur de Londres. Roylott fue un médico en las colonias, y cuenta con un temperamento violento que le ha ocasionado varias condenas, una de las veces por asesinar un mayordomo. El hombre posee un *cheetah* (guepardo) y un babuino, suele rodearse de gitanos y disfruta descaradamente de la fortuna que le dejó la madre de Helen tras su fallecimiento.

La joven cuenta la historia de su hermana gemela, Julia, que falleció dos años antes en circunstancias misteriosas cuando estaba prometida. Durante una «noche de tormenta» (Conan Doyle 2003, 190), fue asesinada en su habitación. Sin embargo, esta estaba cerrada con llave por dentro y contaba con unos sólidos postigos. «¡Ha sido la banda! ¡La banda de lunares!» (Conan Doyle 2003, 191), fue lo único que alcanzó a murmurar antes de morir, señalando la habitación contigua, la de su padrastro. Helen cree que su hermana murió de terror tras ver algo. Describe con precisión el escenario, bajo petición del detective, y añade que escuchó un silbido (que Julia ya había percibido las noches anteriores) y un ruido metálico cuando su hermana salió, agonizante, de su habitación. Helen tiene la hipótesis de que las palabras de su hermana podían hacer alusión a los pañuelos de lunares con los que los gitanos que estaban esa noche en la finca se cubrían la cabeza.

Helen prosigue con su relato: habían pasado dos años de aquello y ahora ella misma estaba prometida. Como ocurrió con su hermana, su padrastro no se opone al matrimonio. Dos días atrás había tenido que trasladarse a la habitación de Julia debido a las obras en el edificio, y esa noche había escuchado de nuevo «el suave silbido que había anunciado la muerte de [su] hermana» (Conan Doyle 2003, 193). Aterrorizada, había esperado a que se hiciera de día para acudir al encuentro de Sherlock Holmes.

Este último decide ir ese mismo día con Watson a la residencia familiar, que se encuentra a algunas decenas de kilómetros. Quiere visitar las habitaciones sin que el propietario, que ese día se encuentra ausente, se entere. Helen vuelve a casa.

Sherlock Holmes emite una primera hipótesis: los silbidos pueden ser de los gitanos y el ruido metálico, el de una barra que sujeta los postigos al caer. Se ve interrumpido por la repentina aparición de un hombre corpulento, con una indumentaria particular y que parecía «un ave de presa envejecida y salvaje» (Conan Doyle 2003, 195), que se presenta como el doctor Grimesby Roylott. El hombre, al que el detective recibe con cortesía, dice que ha seguido a su hijastra. Dobla un hurgón con las manos para mostrar su fuerza e insulta a Sherlock Holmes, instándole a no meterse en sus asuntos. Después, se marcha.

Sherlock Holmes dedica la mañana a buscar en los servicios competentes el testamento de la mujer del doctor Roylott. Descubre que este estaría completamente arruinado si su hijastra se casara, ya que esta recibiría una gran parte de la herencia de su madre.

El detective y su socio, armados, llegan a la residencia familiar. Helen les recibe con alegría, pero se muestra aterrorizada cuando se entera de que su padrastro la había seguido. Sherlock Holmes visita el edificio, medio en ruinas, y constata que la parte contigua a la habitación de Helen no necesita ninguna reparación. A continuación, el detective intenta abrir los postigos desde el exterior, pero no lo consigue. Más tarde, descubre en la antigua habitación de Julia un llamador con una cuerda que no fue concebido para funcionar (Helen afirma que nunca lo ha probado) y un conducto de ventilación que no comunica con el exterior, sino con la habitación contigua, la del doctor Roylott. Visita seguidamente el cuarto de este y descubre, sobre una gran caja, un platillo de leche insuficiente para alimentar a un gato –además, no tienen ningún gato–, y una pequeña tralla para perros, enrollada sobre sí misma.

Tras una larga reflexión, Sherlock Holmes decide que, cuando Helen les haga una señal luminosa, pasará la noche con Watson en la habitación de Julia. Helen, por su parte, volverá a su propia habitación cuando su padrastro se haya acostado.

Mientras esperan la señal, alojados en un mesón cercano,

el detective le cuenta sus deducciones a Watson. Le señala que la cama de Julia está incrustada en el entarimado, por lo que su posición con respecto a la cuerda del llamador falso y al conducto de ventilación nunca podría haber cambiado.

A las once, Helen les da la señal. Los dos hombres se instalan en la habitación de Julia, en la que esperan a oscuras hasta las tres de la mañana, escuchando fuera los aullidos del *cheetah* en libertad. Después, perciben un destello procedente del conducto de ventilación y un silbido. Bajo la luz de una cerilla, Watson descubre el rostro de su compañero, «mortalmente pálido y [en cuya] expresión se leía el horror y el asco» (Conan Doyle 2003, 209). Holmes golpea ferozmente en el suelo algo que no puede distinguir. De repente, se escucha un espantoso alarido. El detective anuncia entonces que «todo terminó» (*ib.*), y lleva a su amigo al cuarto del doctor, al que descubren muerto, con los ojos fijos en el conducto de ventilación. Tiene en la cabeza «una curiosa banda amarilla con lunares amarronados» (Conan Doyle 2003, 210), la «banda de lunares» designada por Julia, de la que surge de repente «el reptil más mortífero de la India» (ibídem), un animal que, sin lugar a dudas, el doctor había traído de las colonias y cuya mordedura era indetectable. Con el lazo formado por la tralla, Sherlock Holmes captura la serpiente y la encierra en la caja. Después le cuenta a Watson que había adivinado que la falsa cuerda del llamador servía de puente entre las dos habitaciones para la serpiente, que pasaba por el conducto de ventilación. El doctor, que había adiestrado a la serpiente para que volviera a su habitación y la recompensaba con leche, realizó sin duda varios intentos antes de lograr con éxito su objetivo. El ruido metálico que la joven había oído era el de la caja de metal al cerrarse. Al golpear a la serpiente, el detective la había asustado y esta había reptado hasta el conducto de ventilación y había atacado a su dueño. «No hay duda de que soy, hasta cierto punto, responsable directo de la muerte del doctor Grimesby Roylott. Pero no creo probable, y así se lo debo confesar, que mi conciencia se sienta abrumada por ello» (Conan Doyle 2003, 212), concluye el detective.

ESTUDIO DE LOS PERSONAJES

SHERLOCK HOLMES

Sherlock Holmes es un detective privado. Le ofende que el doctor Roylott le haya confundido con el cuerpo oficial de policía, Scotland Yard. Su amigo Watson admira sus «rápidas deducciones que, si bien no parecían sino intuiciones por lo instantáneas, disponían siempre de un sólido fundamento lógico» (Conan Doyle 2003, 184). Sus métodos de investigación, basados en la observación y en la deducción, revisten un aspecto científico. Pero no desdeña, sin embargo, la psicología, y puede «[...] penetrar en la compleja maldad del ser humano» (Conan Doyle 2003, 186).

Es valiente y no duda en arriesgarse al entrar a escondidas en la residencia de Roylott. Muestra poco interés por el dinero, y cuando Helen le avisa de que no le podrá pagar hasta más adelante, él responde: «Mi profesión ya constituye toda una recompensa» (Conan Doyle 2003, 186), y solo le pide el reembolso de los gastos que puedan generarse.

Imperturbable, no pierde el humor ni en situaciones delicadas: recibe con cortesía al temible doctor Roylott al ofrecerle asiento y hablarle del tiempo.

No se le describe físicamente, pero se destaca su fuerza cuando endereza sin esfuerzo el hurgón que Roylott había doblado.

EL DOCTOR WATSON

El doctor Watson es médico. Él es quien se dirige al lector al inicio del relato para contarle, desde su punto de vista, la historia de Helen Stoner, que encuentra entre sus notas. Es amigo del detective. Primero compartió casa con él, y después se convirtió en su socio. Desde entonces, le acompaña en sus investigaciones. Holmes le dice a la joven que no tiene secretos para Watson.

Siente curiosidad por los métodos de Holmes, y siempre muestra admiración cuando este comparte con él sus reflexiones. A veces plantea preguntas o emite objeciones, pero se presenta sobre todo como un asistente del detective.

HELEN STONER

Helen Stoner es la hijastra del doctor Roylott. Está prometida con un joven de los alrededores. Tiene una treintena de años, pero Watson indica que «un gris prematuro salpica sus cabellos, y [que] su expresión denot[a] fatiga» (Conan Doyle 2003, 185). La triste vida que lleva al lado de su padrastro, la muerte de su adorada hermana gemela y el temor por su propia vida la han consumido. Aunque parece dulce y sometida al yugo de su padrastro, se atreve a escaparse de casa para pedirle ayuda a Sherlock Holmes, y le obedece al pie de la letra en pro de la investigación.

GRIMESBY ROYLOTT

Grimesby Roylott es el último superviviente de una de las

familias más antiguas de Inglaterra, y está al borde de la quiebra. Fue médico colonial, pero después se retiró a sus tierras, no tiene ninguna relación con la alta sociedad y vive del dinero de la herencia de la madre de Helen y Julia. En cambio, le encanta rodearse de gitanos, a los cuales alberga en sus tierras, y acoge de forma regular a animales exóticos que viven en libertad en sus tierras.

Posee «una fuerza descomunal y [es] totalmente indomable cuando de él se apodera la ira» (Conan Doyle 2003, 188). No duda en maltratar a su hijastra, dejándole marcas que aún conserva cuando acude al detective Holmes. Tiene un temperamento violento, acentuado quizás por una tara familiar o por su estancia en los trópicos. Ha cometido un asesinato y, además, le han condenado por varias peleas. Se ha convertido en el terror de la aldea.

CLAVES DE LECTURA

UNA NOVELA POLICÍACA

La aventura de la banda de lunares reúne todas las características del género del relato corto:

- se trata de un relato centrado con un único acontecimiento: el esclarecimiento, por parte de Sherlock Holmes, del misterio relacionado a la muerte de Julia Stoner;
- los personajes son escasos: el detective y la hermana de Julia, sobre todo en el largo diálogo que aparece al principio del relato, ocupan la mayor parte de la historia;
- las descripciones son generales: el autor solo ofrece detalles de aquello que tenga valor para la investigación, como la habitación de Julia. El aspecto físico y la personalidad de los personajes no se desarrollan demasiado;
- el marco espacio-temporal es limitado: la acción transcurre en solo dos lugares, el apartamento del detective y la residencia de Roylott.

El género policíaco atrae a un gran número de lectores. Los aficionados a la novela policíaca aprecian, sobre todo, el suspense, los giros improvisados y las historias extravagantes, herederas de las novelas por entregas, a menudo melodramáticas, que se publicaban en las revistas del siglo XIX. En 1841, Edgar Allan Poe publica *Los crímenes de la calle Morgue*, un relato que puede considerarse el antecesor de la novela policíaca. Tras él, fueron numerosos los escritores que contribuyeron al género. El propio Arthur Conan Doyle es uno de los autores policíacos más conocidos gracias a las aventuras de su famoso detective, Sherlock Holmes.

El género policíaco está estrictamente codificado. La trama siempre gira entorno a la elucidación de un crimen mediante la investigación metódica de pruebas. El objetivo de la trama es, de este modo, seguir el recorrido del investigador, desde el descubrimiento del crimen hasta su desenlace. Los siguientes elementos, también presentes en *La aventura de la banda de lunares*, aparecen invariablemente en la trama de este género literario:

- un crimen, que la mayoría de las veces es un homicidio: el asesinato de Julia Stoner, hijastra del doctor Roylott;
- una víctima, que suele servir como punto de partida: Julia Stoner;
- un sospechoso, es decir, una persona que puede haber cometido el crimen pero que, en realidad, no es autor del mismo;
- un culpable, es decir, el autor del crimen: el doctor Roylott;
- un móvil, la motivación del crimen: el doctor quiere librarse de la ruina en la que se verá sumido si sus hijastras se casan;
- un modus operandi, el método elegido por el culpable para cometer el crimen: la mordedura mortal de la serpiente que Roylott ha adiestrado;
- una investigación y un investigador: la investigación de Sherlock Holmes que, a partir de una hipótesis, busca indicios que indiquen la culpabilidad del doctor.

UN PERSONAJE LITERARIO: EL INVESTIGADOR

En literatura, el personaje del investigador, ya pertenezca a la policía oficial o sea un detective privado, responde a un arquetipo. Siempre presenta un conjunto de rasgos característicos de su función: sentido de la justicia, capacidad de observación y de análisis, gusto por el riesgo, etc. Sin embargo, las grandes figuras que han marcado la historia de la novela policíaca difieren en cuanto a sus métodos de investigación, su temperamento y su sentido, más o menos desarrollado, de la psicología.

Algunos ejemplos de grandes investigadores:

- Sherlock Holmes, creado por Arthur Conan Doyle, es la primera figura de un detective que utiliza un método esencialmente científico en sus investigaciones, fundado en la observación y la deducción, así como sobre ciertos conocimientos de química y anatomía, heredados sin duda alguna del pasado del autor, que fue médico. No tiene vida familiar y parece que no obedece a ninguna ideología. Su socio, Watson, admira su agudo sentido de observación. De esta forma, en *La aventura de la banda de lunares*, adivina que Helen Stoner ha llegado a su casa en un *dog-cart* (carruaje ligero) al observar que la manga izquierda de su chaqueta está manchada, pues ese es el único vehículo que levanta barro de esa manera y en el que el pasajero se sitúa al lado izquierdo del conductor. Tiene un temperamento bastante frío, en ocasiones violento, y no duda en hacer uso de la fuerza;

- Rouletabille, creado por Gaston Leroux (escritor y perio-dista francés, 1868-1927), es un periodista que participa a menudo en investigaciones policíacas y que resuelve ciertos enigmas. Es un joven simpático, dotado de una forma de pensar original, que se distingue por su lógica metódica y que piensa que la razón es el único método infalible para dirigir una investigación;
- Maigret, creado por Georges Simenon (escritor belga, 1903-1989), es un comisario de policía arisco, de aspecto tranquilo y bondadoso. Saca adelante numerosas investigaciones gracias precisamente al estudio de la psicología y del pasado de las víctimas y de los asesinos. No suele usar su arma. El comisario Maigret se interesa por la naturaleza humana y su técnica se basa, sobre todo, en charlar con los diferentes protagonistas de cada caso. Es compasivo y puede llegar a sentir lástima por un criminal;
- Hércules Poirot, creado por Agatha Christie (mujer de letras británica, 1890-1976), es un hombre maduro con el pelo teñido y aspecto de dandy. Muy seguro de sí mismo, se considera infalible. Está obsesionado con el orden y presta atención a los detalles más insignificantes, lo que a menudo le pone sobre la pista del culpable. Sabe sacarle información a los testigos con habilidad, a veces de forma maquiavélica. La manera en que comunica la verdad es siempre la misma, con una puesta en escena que él mismo ha orquestado: reúne a todos los protagonistas, les muestra a todos como asesinos potenciales, y finalmente llega a un solo culpable plausible. Su muerte en 1975 en *Telón* apareció publicada en el obituario del periódico *The New York Times*, algo insólito para un personaje de ficción.

¡Su opinión nos interesa!
¡Deje un comentario en la página web de su librería en línea,
y comparta sus favoritos en las redes sociales!

PARA IR MÁS ALLÁ

EDICIÓN DE REFERENCIA

- Conan Doyle, Arthur. 2003. *La aventura de la banda de lunares*, en *Las aventuras de Sherlock Holmes*, 183-212. Traducido por Jim Ferrer. Barcelona: MDS Books/ Mediasat, colección *Millenium*.

ResumenExpress.com

GUÍA DE LECTURA

Muchas más guías para descubrir tu pasión por la literatura

www.resumenexpress.com

© ResumenExpress.com, 2016. Todos los derechos reservados.

www.resumenexpress.com

ISBN ebook: 9782806275066

ISBN papel: 9782806286260

Depósito legal: D/2016/12603/561

Cubierta: © Primento

Libro realizado por Primento, el socio digital de los editores